Karin Jittenmaier & Annette Liebing

Window Color
Alle meine Tiere

CHRISTOPHORUS
BRUNNEN-REIHE

Inhalt

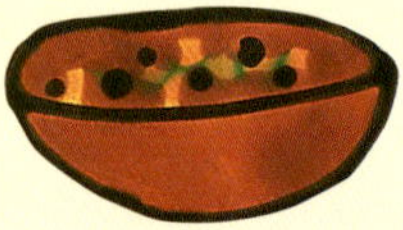

Welt der Tiere

Ein bunter Papagei, ein exotischer Tukan, ein prächtiger Kakadu und turtelnde Wellensittiche – diese schönen Tiermotive zaubern eine bunte Welt ans Fenster. Hinzu kommen wilde Löwen, spielende Eisbären und eine kleine Robbe.

Die Bremer Stadtmusikanten, Rotkäppchen und der Wolf, der Froschkönig und Aschenputtel sind Märchen, in denen Tiere eine Hauptrolle haben.

Und außerdem zeigen wir Ihnen hübsche Rehe, schöne Pferde, liebe Hunde und niedliche Meerschweinchen. Alle Tiere sind naturalistisch gestaltet, mit Window Color sind sie schnell und leicht gemalt. Die Farbe wird einfach aus der Flasche aufgetragen, nach dem Trocknen können die Motive am Fenster angebracht werden.

Viel Spaß mit allen Lieblingstieren wünschen

So geht's

1 Mit schwarzem Filzstift das Motiv auf Transparentpapier abpausen. Diese Vorlage unter eine Folie legen. Als Folie eignen sich Prospekthüllen in DIN A4 oder DIN A3, in die kleinere Motive rutschfest eingelegt werden können. Die Folien müssen aus Polypropylen (PP) oder Polyethylen (PE) sein. Von einer PVC-Folie lässt sich das Glas-Design-Motiv nicht ablösen. Im Fachhandel erhalten Sie Folie von der Rolle für größere Motive. Die Konturen mit Konturenfarbe direkt aus der Tube oder mit dem Airliner auftragen. Dabei die Spitze etwas anheben und die Farbe herauslaufen lassen. Diesen Farbstrang an der Linie entlang führen und am Ende der Linie ablegen. Konturen etwa acht Stunden trocknen lassen.

2 Die einzelnen Flächen ausmalen. Einen dicken Farbklecks direkt aus der Flasche oder mit dem Airliner auftragen und die Farbe mit der Spitze oder mit einem Zahnstocher bis direkt an die Kontur verteilen. Darauf achten, dass die Flächen bis zur Kontur geschlossen sind. Die Farben satt auftragen, sonst zerreißen die Bilder beim Ablösen. Für Farbschattierungen die Farben direkt im Motiv mischen. Die Farben mit einer Stecknadel ineinander ziehen. Nach dem Trocknen – das dauert etwa 24 Stunden – werden die Farben transparent und leuchtend. Das Bild kann jetzt vorsichtig von der Folie abgezogen und am Fenster angebracht werden.

Tipps & Tricks

- Die Konturen immer von innen nach außen auftragen, damit sie nicht verwischen.

- Bei großen Motiven freie Zwischenräume mit Kristallklar ausfüllen, das gibt dem Bild mehr Festigkeit.

- Trockenzeiten unbedingt einhalten, nie aus Ungeduld die Malerei abziehen, bevor alle Farben transparent geworden sind.

- Zu dickflüssige Farbe etwas erwärmen, z. B. auf der Heizung.

- Kalte, unelastische Fensterbilder vor dem Ablösen mit einem Fön erwärmen.

- Die Motive können mit dem Fotokopierer verkleinert oder vergrößert werden. So können sie zum Beispiel der Größe eines Spiegels oder einer Kachel angepasst werden.

Weitere Folien

Selbsthaftende Fensterfolie oder *transparente Windrad-* oder *Mobile-Folien*, 0,2 mm oder 0,4 mm stark, stabilisieren die Motive. Das ist besonders praktisch, wenn Ihre Kunstwerke oft an anderen Stellen angebracht oder verschenkt werden sollen. Von diesen Folien können die Bilder nicht mehr abgezogen werden. Sie können direkt auf diesen Folien malen und das Bild nach dem Trocknen entlang der Konturen ausschneiden.

Die Farben

Die Glas Design Farben der Firma C. Kreul gibt es in vielen verschiedenen Farbtönen, die untereinander mischbar sind. Alle Farbtöne können mit Schneeweiß aufgehellt oder mit Schwarz abgedunkelt werden. Variationsmöglichkeiten bietet das Mischen der Konturenfarben, beispielsweise Schwarz mit Gold.

Papagei

Kontur

- Schwarz

Farben

- Brombeer
- Strohgelb
- Pastell-Gelb
- Himbeere
- Türkis
- Himmelblau
- Royalblau
- Bernstein
- Grasgrün
- Blattgrün

Vorlage A

Leo

Kontur

- Schwarz

Farben

- Weiß
- Bernstein
- Hautfarbe
- Blattgrün
- Cognac
- Citron

Vorlage B

Löwen

Kontur

■ Schwarz

Farben

■ Hellbraun
■ Bernstein
■ Siena
■ Hautfarben
■ Blattgrün
■ Citron
■ Schwarz

Vorlagen

C, D

Kakadu

Kontur

- Bleifarbig

Farben

- Weiß
- Erdbeer
- Cognac
- Brombeer
- Hellgrau
- Grasgrün
- Schwarz

Vorlage E

Tukan

Kontur

- Schwarz

Farben

- Schneeweiß
- Maigrün
- Moosgrün
- Olivgrün
- Goldgelb
- Royalblau
- Violett
- Pink
- Dunkelgrau
- Hellbraun
- Bernstein

Vorlage F

Im Eismeer

Kontur

- Schwarz
- Bleifarbig

Farben

- Weiß
- Pastellweiß
- Pfirsich
- Ocean

Vorlagen

G, H

Stadt-musikanten

Kontur

■ Schwarz

Farben

■ Weiß
■ Hellgrau
■ Mausgrau
■ Grasgrün
■ Erdbeer
■ Citron
■ Bernstein
■ Cognac
■ Nougat

Vorlage J

Rotkäppchen

Kontur
- Schwarz
- Hautfarbe

Farben
- Weiß
- Weiß irisierend
- Erdbeer
- Himmelblau
- Grasgrün
- Blattgrün
- Cognac
- Schwarz

Vorlage K

Aschenputtel

Kontur

- Silber

Farben

- Weiß
- Pastellweiß
- Mausgrau
- Cognac
- Hautfarbe
- Qrientblau
- Bernstein
- Grasgrün

Vorlage M

Froschkönig

Kontur

- Schwarz
- Gold

Farben

- Weiß
- Weiß irisierend
- Gold
- Hautfarbe
- Leucht-Pink
- Maigrün
- Hellgrau
- Schwarz

Vorlage L

Rehe

Kontur

- Schwarz

Farben

- Schneeweiß
- Bernstein
- Cognac
- Moosgrün

Vorlage N

Springreiter

Kontur

- Schwarz

Farben

- Weiß irisierend
- Schneeweiß
- Hellbraun
- Mohnrot
- Cognac
- Schwarz

Vorlage O

Pferde

Kontur
- Schwarz

Farben
- Schneeweiß
- Bernstein
- Maigrün
- Hellbraun
- Cognac

Vorlage P

Pferde

Kontur

■ Schwarz

Farben

■ Schneeweiß

■ Bernstein

■ Hellbraun

■ Siena

■ Moosgrün

Vorlage Q

Kätzchen

Kontur
- Schwarz

Farben
- Schneeweiß
- Maigrün
- Hellbraun
- Cognac
- Schwarz

Vorlage R

Bernhardiner

Kontur
- Schwarz

Farben
- Schneeweiß
- Rosé
- Grün
- Dunkelgrau
- Hellbraun
- Cognac
- Schwarz

Vorlage S

Meer-schweinchen

Kontur

- Bleifarbig

Farben

- Schneeweiß
- Pastellweiß
- Hautfarbe
- Fleischfarbe
- Hellbraun
- Kirschrot
- Goldgelb
- Schwarz

Vorlage T

Wellensittiche

Kontur

■ 3 cmSchwarz

Farben

■ 3 cm Schneeweiß
■ Türkis
■ Citron
■ Goldgelb
■ Hellblau
■ Royalblau
■ Hellgrau

Vorlage U

Hundepaar

Kontur

- Bleifarbig

Farben

- Hellgrau
- Mausgrau
- Bernstein
- Weiß
- Schwarz

Vorlage V

Hündchen

Kontur
- Schwarz

Farben
- Weiß
- Hellgrau
- Schwarz
- Siena
- Bernstein
- Rosé
- Erdbeer
- Blattgrün
- Meergrün

Vorlagen
W, X

Impressum

ISBN 3-419-56130-X

2. Auflage 2000

Lektorat:
Maria Möllenkamp, Freiburg

Styling und Fotos:
Christoph Schmotz, Freiburg

Covergestaltung und Layoutentwurf:
Network!, München

Gesamtproduktion:
smp, Freiburg;
Layout: Gisa Bonfig

Druck:
Freiburger Grafische Betriebe

Wir sind für Sie da, wenn Sie Fragen zu AutorInnen, Anleitungen oder Materialien haben. Und wir interessieren uns für Ihre eigenen Ideen und Anregungen. Faxen, schreiben Sie oder rufen Sie uns an. Wir hören gerne von Ihnen! Ihr Christophorus-Verlag

Christophorus-Verlag GmbH
Hermann-Herder-Str. 4
79104 Freiburg
Tel.: 0761/ 27 17-0
Fax: 0761/ 27 17-3 52
oder e-mail:
info@christophorus-verlag.de

Aus der Brunnen-Reihe

3-419-56128-8

3-419-56127

3-419-56126-1

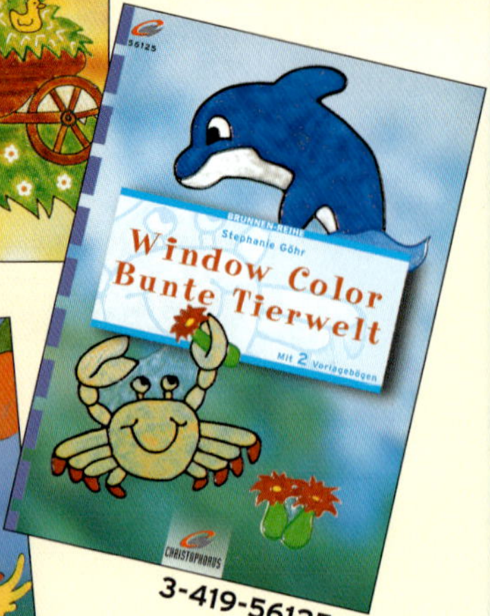

3-419-56125-3

3-419-56124-5